dieses Mal erkunden?

Kleiner Planet der vielen Geräusche

Kleiner Planet der Technik

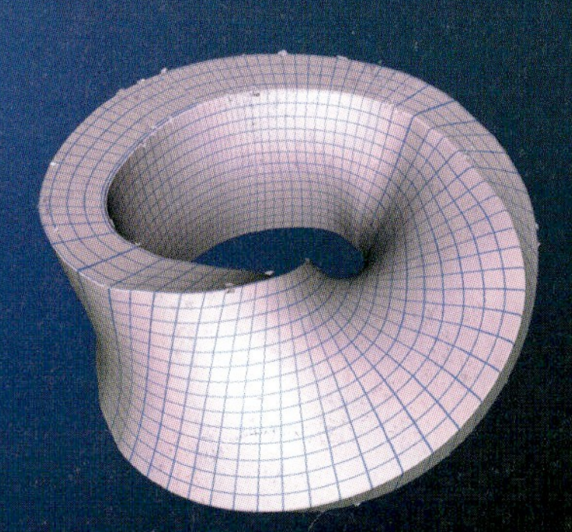

Kleiner Planet der vielen Sachen

Wuuuuuuuuuschhhhhhhhhhh!

Und los geht's!

Hui, ist das windig!

Bing & Bongs tolle Abenteuer

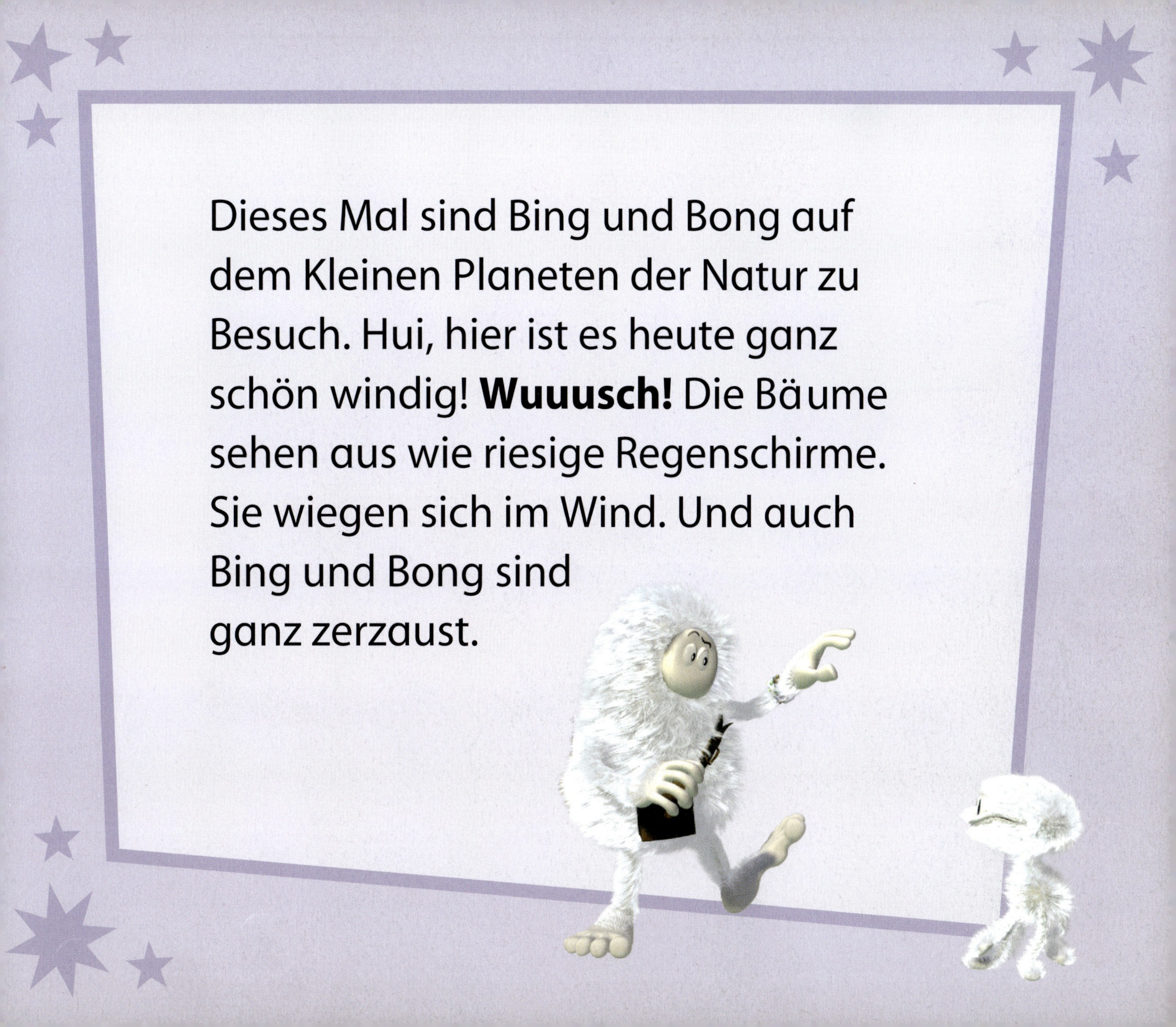

Dieses Mal sind Bing und Bong auf dem Kleinen Planeten der Natur zu Besuch. Hui, hier ist es heute ganz schön windig! **Wuuusch!** Die Bäume sehen aus wie riesige Regenschirme. Sie wiegen sich im Wind. Und auch Bing und Bong sind ganz zerzaust.

Da flattert ein riesengroßes Blatt auf Bong herunter und landet genau auf seinem Kopf. **Plopp!** Das Blatt ist viel größer als Bong, aber trotzdem pustet er es hoch in die Luft: **„Pfff!“**

Das fliegende Blatt bringt unsere beiden Freunde auf eine tolle Idee. Bing bindet eine Schnur daran, und Bong malt ein lustiges Gesicht darauf. Was könnte das nur geben? Weißt du es?

Natürlich, die beiden basteln einen Drachen! Als sie fertig sind, wirft Bing ihn hoch in die Luft. Dann läuft er los, immer schneller, bis der Wind den Drachen erfasst.

Wuuusch! Der Wind bläst den Drachen immer höher in den Himmel hinauf. **Juhuuu!**

Jetzt will Bong aber auch einmal den Drachen lenken. Nur – Bong ist viel leichter als Bing. Das haben die beiden nicht bedacht. Was glaubst du, wird gleich passieren?

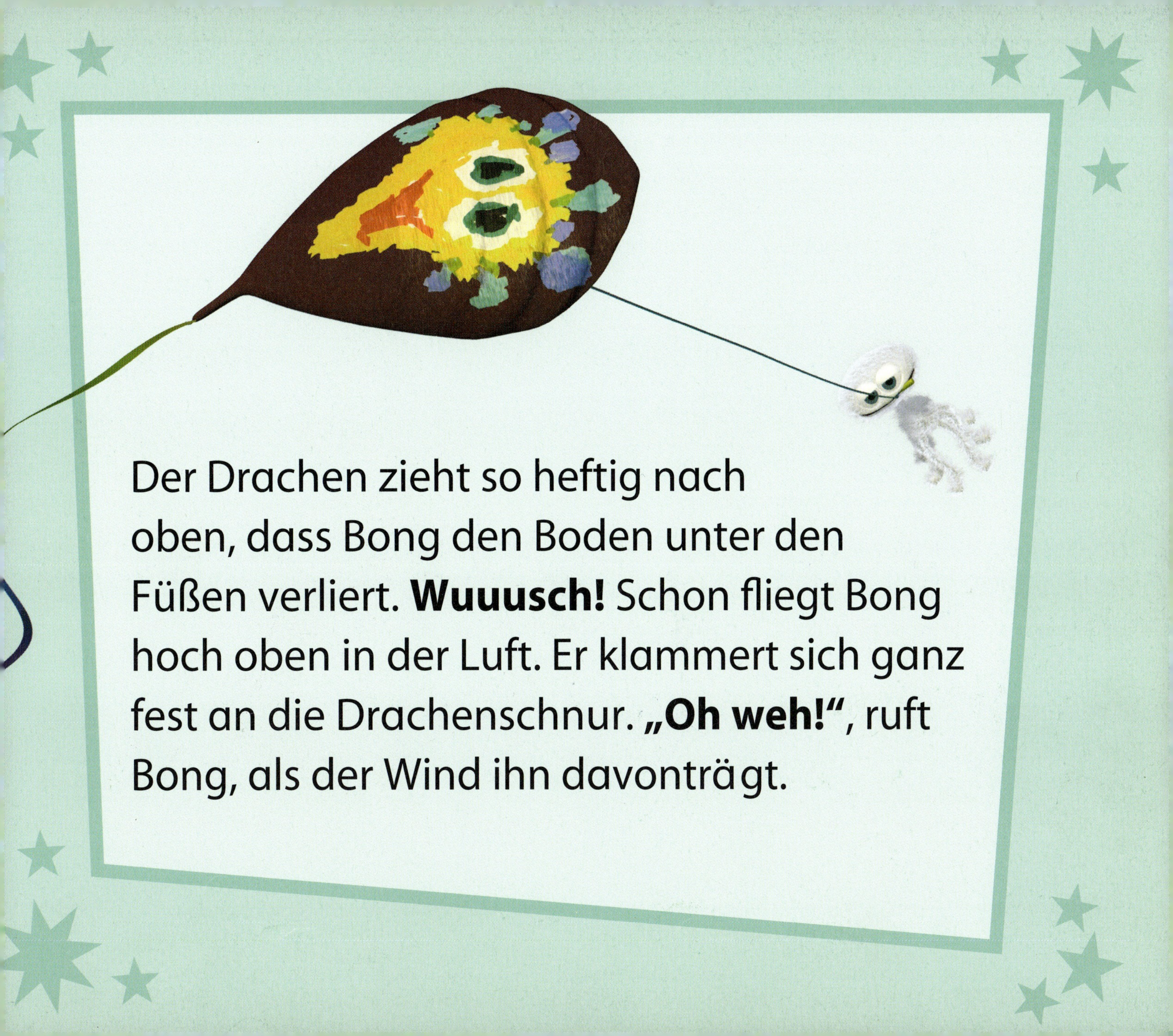

Der Drachen zieht so heftig nach oben, dass Bong den Boden unter den Füßen verliert. **Wuuusch!** Schon fliegt Bong hoch oben in der Luft. Er klammert sich ganz fest an die Drachenschnur. **„Oh weh!“**, ruft Bong, als der Wind ihn davonträgt.

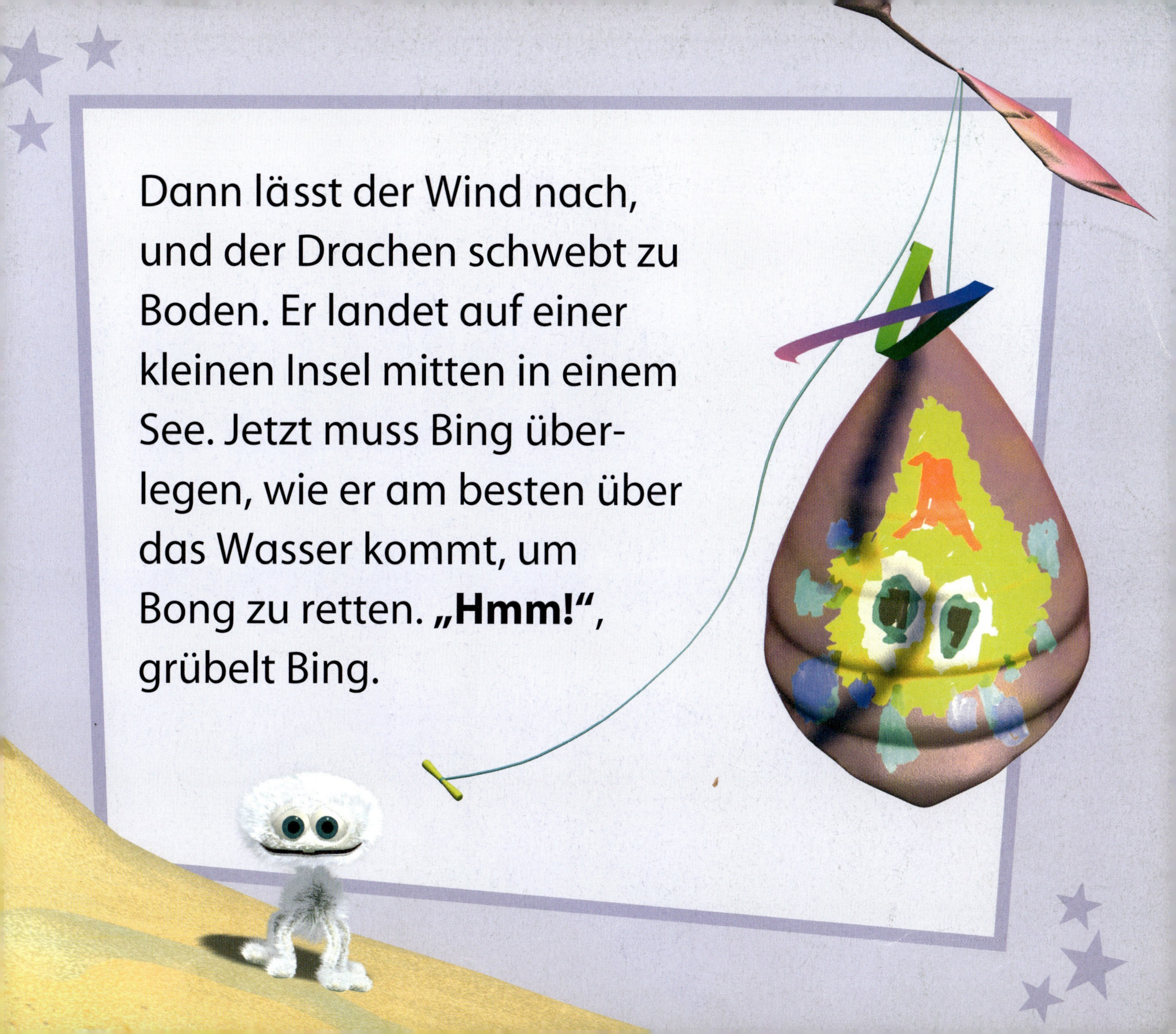

Dann lässt der Wind nach, und der Drachen schwebt zu Boden. Er landet auf einer kleinen Insel mitten in einem See. Jetzt muss Bing überlegen, wie er am besten über das Wasser kommt, um Bong zu retten. **„Hmm!“**, grübelt Bing.

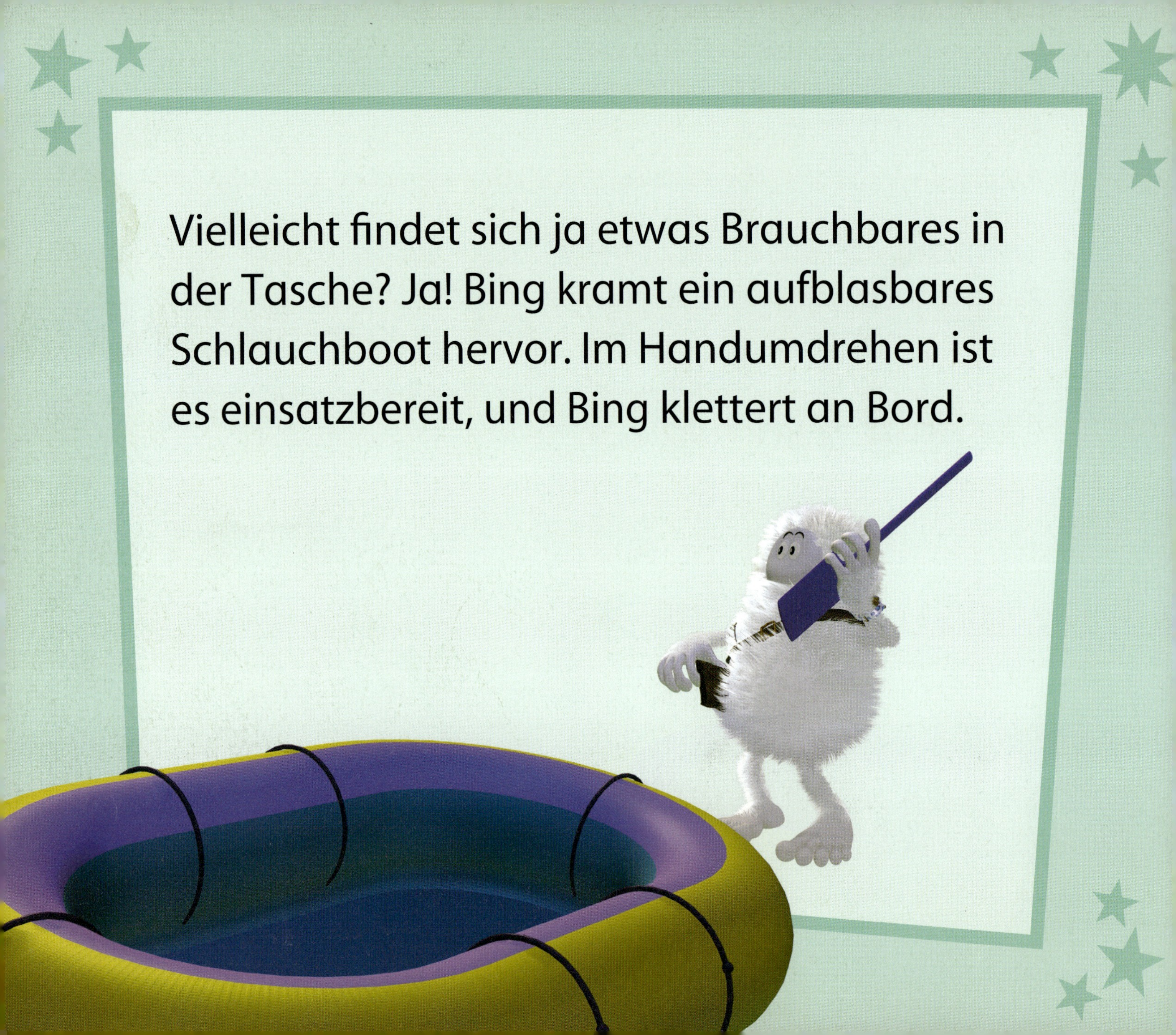

Vielleicht findet sich ja etwas Brauchbares in der Tasche? Ja! Bing kramt ein aufblasbares Schlauchboot hervor. Im Handumdrehen ist es einsatzbereit, und Bing klettert an Bord.

Bing paddelt über das Wasser zur Insel hinüber. **Puuh!** Das ist ganz schön anstrengend. Der Wind bläst ihm heulend entgegen und treibt das Boot immer wieder Richtung Ufer zurück. Aber Bing gibt nicht auf, und endlich erreicht er die kleine Insel.

Bong freut sich riesig! Aber Bing ist sehr erschöpft. Nach der schweren Arbeit hat er sich eine kleine Pause verdient. **Oh nein!** Gerade jetzt meldet sich seine Funkarmbanduhr:

Piep, piep, piep!

Es ist Zeit, nach Hause zu gehen.

„Hmm!“, überlegt Bing. Er hat keine Kraft mehr, zurück zu paddeln. Wie sollen die beiden jetzt nach Hause kommen? Bing blickt auf den Drachen und denkt nach. Dann hat er eine Idee. Natürlich! Aus dem Drachen kann er ein Segel machen.

Tolle Idee, Bing! Kaum sitzen Bing und Bong im Boot, bläst auch schon der Wind gegen das Segel. Bald sind die beiden Freunde am Ufer. Jetzt können sie nach Hause.

Bis zum nächsten Mal, Bing!
Bis zum nächsten Mal, Bong!

Schlaft gut!